PALETAS

おうちで作る
フローズン・フルーツバー

frozen fruit bar

河出書房新社

Prologue

こんにちは。フローズン・フルーツバー専門店のPALETAS（パレタス）です。
PALETA（パレタ）とは、果汁で作られたアイスキャンディーのこと。お店には、季節のフルーツを使った色とりどりのアイスキャンディーが並んでいます。

　PALETASのフルーツバーは、一本一本手作り。生のフルーツのおいしさを封じ込めるために、原材料や製法などいくつかのこだわりがあります。
まず、安心・安全な材料であること。可能な限り国産のフルーツや野菜を材料としており、グレープフルーツやパイナップルなど輸入物がメインとされているフルーツも、国内の生産者さんから直接仕入れています。原材料にこだわっているからこそ、合成添加物を使わずに仕上げるのはもちろんです。
次に、フルーツのおいしさをできるだけ感じてもらえる製法を用いていること。殺菌剤を使わずに非加熱殺菌の新技術を導入し、フルーツ本来の風味や食感を残しています。
そして、季節感のあるメニューラインナップにすること。もちろん一年を通じて作れるメニューもありますが、いちじくや柿、ブドウやイチゴなどのように、限られた旬の季節に楽しんでいただきたいメニューもたくさんあります。

このように、お店でお客さまに提供するフルーツバーは、プロとして自信を持っておすすめできるものに仕上げています。

その一方で「フルーツをアイスキャンディーの形で楽しんでほしい」というPALETASの想いを、別の形で提案したのが本書です。専用の道具や特別な材料がなくても、ご家庭で楽しめるレシピとして、この本を作りました。

カラフルでかわいらしい仕上がりはもちろん、フルーツの組み合わせ方やリッチな味わいは、PALETASのレシピならでは。この本を参考に、おうちでフローズン・フルーツバーをお楽しみいただけましたら幸いです。

PALETAS

PALETASのフローズン・フルーツバーについて

表面がフラットなアルミの型を使っているため、フルーツのスライスがはりつきやすく、型から出したときもフルーツが見えやすい。また、サイズも少し大きめ。パワーのある専用冷凍機を使うため、少し大きめの型でも早く凍らせることができる。

型

家庭用の冷凍室で凍らせることができるように、お店のものよりやや小さめの型を使用。フラットな型は中味が密着して取り出しにくいため、凸凹のある型のほうが取り出しやすく安心。また、作業中に中の様子が分かりやすいよう、半透明のプラスチック製がおすすめ。

生のフルーツを使った商品を販売する際には、殺菌処理が必要なため、独自の非加熱殺菌の技術を使用。その後、シロップ漬けしてから使用している。

フルーツの下処理

ご家庭で楽しむ場合には、殺菌処理は不要と考え、シロップ漬けのみを提案。より手軽なレシピに！

お店で販売しているフルーツバー

本書のフルーツバー

新鮮なフルーツを搾り、その果汁を使用。フルーツの風味豊かなフルーツバーに仕上がる。

ベース（果汁）

おうちで作りやすいようにジュースを使用。できるだけ果汁100％のものを。もちろん生のフルーツを搾って果汁を準備できればベスト。

専用冷凍機を使用し、冷凍液で固めるため冷凍時間が短く、フルーツがはりつけたままの位置で固定されやすい。

冷凍

一般の冷凍室は冷気で凍らせる。そのため固まるまで8時間（糖度が強いものは10時間）ほどかかり、フルーツが型の下のほう（フルーツバーの上のほう）に片寄りやすくなる。

Contents

- 6   PALETASのフローズン・フルーツバーについて
- 8   フローズン・フルーツバーを作るための基本の道具
- 10   基本のシロップ、シロップ漬けの作り方
- 11   フルーツの切り方について

PART 1
ジュースベースのフルーツバー

- 14   ジュースベースのフルーツバーの作り方
- 16   フルーツミックス イースト
- 18   シトラスミックス
- 19   グレープグレープ
- 20   レモンジンジャー
- 22   キャロット
- 23   トマトバジル
- 24   グリーンスムージー
- 26   カンパリオレンジ
- 28   ピニャコラーダ
- 29   ソルティドッグ
- 30   ホワイトサングリア レッドサングリア

PART 2
ヨーグルトベースのフルーツバー

- 34   ヨーグルトベースのフルーツバーの作り方
- 36   ブルーベリーヨーグルト
- 38   キウイヨーグルト ストロベリーヨーグルト
- 40   リンゴヨーグルト

PART 3
ジェラートベース&バニラアイスベースのフルーツバー

- 44   ジェラートベースのフルーツバーの作り方
- 46   バニラアイスベースのフルーツバーの作り方
- 48   いちごミルク
- 50   フルーツミックス ウエスト
- 51   スイートコーン
- 52   チョコレートバナナ
- 54   栗抹茶
- 55   柿ほうじ茶
- 56   クリームチーズミックス
- 57   コーヒーバニラ
- 58   いちごバニラミックス

LET'S ARRANGE!

- 60   arrange 1：求肥で包む
- 62   arrange 2：クレープで包む
- 63   arrange 3：チョコレートトッピング

この本のレシピについて

・材料表記は液体もg表記にしています。1g単位で量れるデジタルスケールを使用してください。

・冷凍室は－15～18℃を想定しています。ご使用の冷凍室により、凍るまでの時間には差があります。

・まずは、p10の「基本のシロップ、シロップ漬けの作り方」とp14～15の「ジュースベースのフルーツバーの作り方」を一読した上で、好みのレシピをお試しください。

フローズン・フルーツバーを作るための基本の道具

型と棒さえ準備できれば、あとはキッチンにある道具でほとんどのレシピが作れます。ここでは、基本の道具について、素材や使い勝手のポイントを紹介します。

型と棒

型は広い面がフラットな方がフルーツをはりつけやすく、完成したときに表にフルーツが見えやすくなります。ただし、真っ平らで凹凸が全くないものは、凍らせたフルーツバーが抜きにくくなるので注意。
本書では、おうちでも使いやすいよう少し凹凸のある型を使用。半透明で中の様子が見え、フルーツをはりつけたり層を作ったりする作業がしやすく便利です。

参考商品：
クイックキャンディーメーカー（角6P）
1個あたり約80ml [タイガークラウン]

量る、混ぜる道具

本書では液体もすべてg表記にしています。1g単位で正確に量れるデジタルスケールを使用しましょう。水やジュースなどは計量カップで計ってもOKです。
ボウルは熱伝導しやすいステンレスのものがおすすめ。一旦温めた材料を冷やすときに重宝します。そのほか、材料を混ぜる場合は泡立て器やゴムべらで、型にベースやフルーツを入れるときにはレードルやスプーンを使います。

フルーツを調理するときに使う道具

レシピによって、必要になる道具を紹介します。ミキサーは野菜やフルーツを攪拌してなめらかにし、ベースに入れたりソースとして使える状態にします。おろし金はレモンの皮やしょうがをすりおろすときに使用します。小鍋はバニラアイスベースを作るときや、ブルーベリーを煮るときに使用。フッ素樹脂加工のものが焦げ付きにくくおすすめです。漉し器は、ミキサーにかけたものや火にかけたものを漉して、よりなめらかにするときに。保存袋は、フルーツのシロップ漬け（p10参照）を作る際に。

アイスクリームメーカー

ジェラートベース、バニラアイスベースのフルーツバーを作るときに使用します。
保冷ポットに材料を入れて、羽根付きのふたをし、スイッチを入れて冷凍室に入れます。凍った材料を定期的に自動で攪拌し、なめらかなジェラート、バニラアイスを作ります。

参考商品：
コードレス アイスクリーマー BH-941P[Panasonic]

基本のシロップ、シロップ漬けの作り方

フルーツを甘いシロップ漬けにする"ひと手間"がこのフルーツバーの大きなポイント。凍らせても風味がなくならず、存在感のある食べごたえになります。

基本のシロップ
材料（出来上がり量340g）
グラニュー糖　200g
水　140g

1 鍋にグラニュー糖と水を入れて中火にかける。グラニュー糖が溶けるようよく混ぜる。

2 沸騰させ、グラニュー糖を完全に溶かす。

3 ボウルに移して氷水にあて、軽く混ぜながら粗熱を取る。

4 粗熱が取れたら、保存容器に移す。冷蔵で一週間ほど保存が可能。

5 保存袋にカットしたフルーツ（p11参照）と、フルーツがひたるくらいのシロップを入れる。

6 シロップがフルーツ全体にゆきわたるようにしながら、できるだけ空気を抜く。

7 袋の余分を折りたたみ、一晩漬ける。このまま冷蔵で2日間保存が可能。ただし、バナナやリンゴなど変色したり傷みやすいものもあるため、注意。使用する際は、ザルにあけてシロップをよく切ってから使う。

Point
バナナは変色しやすいため、レモンスライスを数枚いっしょに入れておくとよい。

フルーツの切り方について

型に入る大きさであれば、好みの大きさや形に切ってOK。
本書のレシピでは、主に以下のようにカットしています。

ダイスカット

たくさんのフルーツを混ぜて使うとき、それぞれを厚めにスライスしたのち、7〜8mm角にカットします。

カット

オレンジやグレープフルーツ、ブドウなど果肉を楽しみたいときは、少し大きめにカットします。

スライス

型にはりつけてフルーツの形を楽しみたいとき、オレンジやレモン、イチゴやリンゴ、キウイやバナナなどをスライスします。1/2や1/4などサイズはフルーツの大きさと型のバランスを見て決めましょう。

フルーツの切り方のコツ

キウイフルーツ

ヘタの周囲に包丁で切り込みを入れてはずすと、ヘタのかたい部分もいっしょに取れる。
両端のヘタを落としたら、皮をむき、3〜5mm厚さにスライスする。

オレンジ

ヘタを落として皮をむく。このとき、白い部分もいっしょに取ること。房の薄皮にそって切り込みを入れ、次に隣の薄皮にそって切り込みを入れると、そのまま果肉を落とすようにむくことができる。

PART 1

ジュースベースの フルーツバー

フルーツジュースとフルーツを使って作る
一番シンプルなレシピのフルーツバー。
使用するジュースはもちろん搾り立てがおいしいのですが、
100%果汁のものならOK。
砂糖などの甘味料を加えていないジュースを使ってください。
また、野菜ジュースと野菜をたっぷり使ったベジフルーツバーや
アルコールを使った大人テイストのレシピも紹介しています。
ベースとフルーツの組み合わせは無限に広がります。
掲載レシピを参考に、好みのフルーツでアレンジも楽しんでください。

JUICE BASE

基本のレシピ ①
ジュースベースのフルーツバーの作り方

`Sample` p16 フルーツミックス イースト

下準備
木の棒は、そのままさし込むと浮いてきてしまうため、水で湿らせておくとよい。

Point
型はよく冷やしておく。

1　フルーツを準備する（シロップ漬けの作り方はp10参照）。ベースのジュースを準備する。2種類以上の場合は、ボウルで混ぜ合わせる。

Point
どちらもしっかりと冷やした状態にしておくことで、フルーツバーが固まりやすくなる。

2　レードルでベースのジュースを型に少量（型の1/5程度）流し入れる。

3　フルーツのシロップ漬けを入れる。スライスしたものは型の内側の面にはりつけ、カットしたものはスプーンで、ブルーベリーなどの小さなフルーツは手で入れる。

4 レードルでベースのジュースを型に流し入れる。型にはりつけたフルーツがはがれたり、そのほかのフルーツが沈んでしまわないように、できるだけ静かに流し入れる。

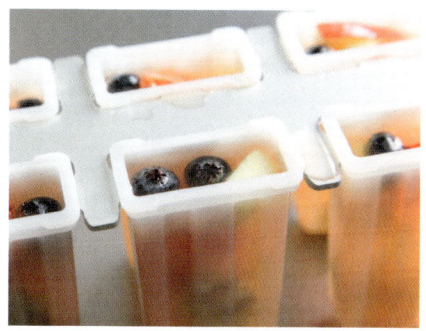

Point
ベースの液体は凍ると体積が増えるため、型いっぱいには入れずに、少しだけ少なめに入れるのがポイント。

5 型にふたをして、水で湿らせておいた棒をさし込む。フルーツを棒で下に押してしまわないように、ゆっくりと下までさす。冷凍室で冷やし固める(冷凍時間は各レシピ参照)。

6 アイスが固まったら型をホルダーからはずし、1本ずつ水につけてアイスを抜きやすくする。

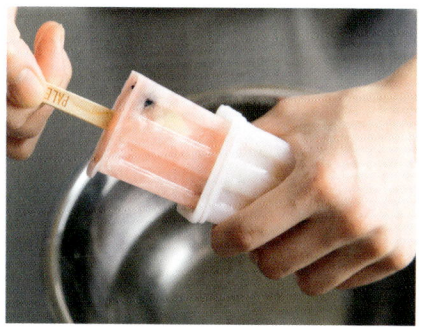

7 ゆっくりとまっすぐ棒を引っ張り、型から取り出す。

Fruits Mix East

フルーツミックスイースト

材料 [80ml × 6 個分]

A ベース
- リンゴジュース　300g
- 基本のシロップ　60g　→p10 参照
- ローズヒップティーの茶葉　1g

B フルーツ
- ブルーベリー　18 粒
- 【スライス用】
  - イチゴ　2 個
  - リンゴ　1/8 個
  - キウイフルーツ　1/2 個
- 【ダイスカット用】
  - オレンジ　1/2 個
  - グレープフルーツ　1/2 個
  - イチゴ　4 個
  - リンゴ　1/4 個
  - キウイフルーツ　1 個
- 基本のシロップ　適量　→p10 参照

作り方

下準備　Bのフルーツ（スライス用）は 2 ～ 3cm 幅の小さめのスライスにする。ダイスカット用は 7 ～ 8mm 角程度に切る。ブルーベリーも合わせて、基本のシロップに一晩漬けておく（a）。→p10 参照

1　Aの基本のシロップにローズヒップティーの茶葉を入れる。色がついたら、漉す。

2　1とリンゴジュースをボウルに入れて混ぜる。

3　2を少量型に流し入れ、ダイスカットのフルーツとブルーベリーを入れる（b）。スライスは、型の内側の面にはりつける。

4　2をさらに加える。

5　型にふたをし、棒をさして冷凍室で 6 ～ 8 時間ほど冷やし固める。固まったら型からはずす。
→p15 - 5 ～ 7 参照

シトラスミックス

材料 [80ml × 6個分]

A ベース
　オレンジジュース　120g
　グレープフルーツジュース　120g
　ミカンジュース　160g
　レモン果汁　40g
　基本のシロップ　50g　→p10参照

B フルーツ
　オレンジ（スライス）　6枚
　オレンジ　1個
　グレープフルーツ　1個
　基本のシロップ　適量　→p10参照

作り方

下準備　オレンジとグレープフルーツは皮をむいて薄皮を取り、カットする。オレンジスライスとともに基本のシロップに一晩漬けておく。　＊p10参照

1　Aをボウルに入れて混ぜる。
2　1を少量型に流し入れ、カットしたフルーツを入れる。スライスは、型の内側の面にはりつける。
3　1をさらに加える。
4　型にふたをし、棒をさして冷凍室で6〜8時間ほど冷やし固める。固まったら型からはずす。
→p15-5〜7参照

グレープグレープ

材料 [80ml × 6 個分]

A ベース
- グレープジュース　250g
- レモン果汁　12g
- 基本のシロップ　20g　→p10 参照

B フルーツ
- ピオーネ　18 粒
- 基本のシロップ　適量　→p10 参照

作り方

下準備　ピオーネは湯むきして半分にカットし、基本のシロップに一晩漬けておく。→p10 参照
1　A をボウルに入れて混ぜる。
2　1 を少量型に流し入れ、カットしたフルーツを入れる。いくつかのピオーネの断面を型の内側の面にはりつける。
3　1 をさらに加える。
4　型にふたをし、棒をさして冷凍室で 6～8 時間ほど冷やし固める。固まったら型からはずす。
→p15－5～7 参照

Lemon Ginger

レモンジンジャー

材料 [80ml × 6 個分]

A ベース
- ジンジャーシロップ（※）　80g
- リンゴジュース　120g
- パイナップルジュース　120g
- レモン果汁　70g

B フルーツ
- レモン（スライス）　6枚
- パイナップル　1/6 個
- キウイフルーツ　1個
- 基本のシロップ　適量　→p10 参照

※ジンジャーシロップ（作りやすい分量）
- a　水　200g
  - シナモン　1本
  - 黒こしょう（粒）　1g
  - 白こしょう（粒）　1g
  - クローブ　1g
- b　しょうが（すりおろし）　200g
  - グラニュー糖　120g
  - レモン果汁　30g

作り方

下準備1　ジンジャーシロップを作る。鍋にaを入れ、20 分程度弱火にかける（a）。bを加えて沸騰させ（b）、漉す。粗熱を取り、冷蔵庫で冷やす。

＊残ったジンジャーシロップは炭酸水を加えて、自家製ジンジャーエールにも！

下準備2　Bのフルーツ（パイナップル、キウイフルーツ）をダイスカットにして、レモンスライスとともに基本のシロップに一晩漬けておく。→p10 参照

1　Aをボウルに入れて混ぜる。
2　1を少量型に流し入れ、カットしたフルーツを入れる。スライスは型の内側の面にはりつける。
3　1をさらに加える。
4　型にふたをし、棒をさして冷凍室で6〜8時間ほど冷やし固める。固まったら型からはずす。
→p15−5〜7参照

キャロット

材料 [80ml × 6 個分]

A ベース
- にんじんジュース　200g
- ミカンジュース　150g
- レモン果汁　10g
- はちみつ　40g
- 基本のシロップ　30g　→p10 参照

B フルーツ
- ミカン　1個
- にんじん　1/8 本
- 基本のシロップ　適量　→p10 参照

作り方

下準備　にんじんは小さめのダイスカットにしてゆでる。皮をむいて切ったミカンとともに基本のシロップに一晩漬けておく。→p10 参照

1　A をボウルに入れて混ぜる。
2　1を少量型に流し入れ、カットしたフルーツを入れる。
3　1をさらに加える。
4　型にふたをし、棒をさして冷凍室で6〜8時間ほど冷やし固める。固まったら型からはずす。
→p15-5〜7参照

トマトバジル

材料 [80ml × 6 個分]

A ベース
- トマトジュース　240g
- レモン果汁　15g
- はちみつ　55g
- 塩　2g

B フルーツ
- レモン（スライス）　6枚
- ミニトマト（赤、黄）　各6個
- バジル　3枚
- 基本のシロップ　適量　→p10 参照

作り方

下準備　ミニトマトは湯むきして半分にカットする。レモンのスライスは半月形にカットし、ミニトマトとともに基本のシロップに一晩漬けておく。→p10 参照

1　A をボウルに入れて混ぜる。
2　バジルはせん切りにする。
3　1を少量型に流し入れ、カットしたミニトマトとバジルを入れる。レモンは型の内側の面にはりつける。
4　1をさらに加える。
5　型にふたをし、棒をさして冷凍室で 6〜8 時間ほど冷やし固める。固まったら型からはずす。
→p15-5〜7 参照

Tomato & Basil

Green Smoothie

グリーンスムージー

材料 [80ml × 6 個分]

A ベース
- リンゴジュース　120g
- パイナップルジュース　120g
- 小松菜　1/2 束
- パセリ　20g
- 基本のシロップ　60g　→p10 参照

B フルーツ
- パイナップル　1/8 個
- キウイフルーツ　1 個
- バナナ　1/2 本
- リンゴ　1/6 個
- 基本のシロップ　適量　→p10 参照

作り方

下準備　B のフルーツをダイスカットにして、基本のシロップに一晩漬けておく。→p10 参照

1　小松菜、パセリは洗い、水気をキッチンペーパーでしっかりと拭く。適当な大きさに切り、リンゴジュース、パイナップルジュース、基本のシロップとともにミキサーに入れて（a）、撹拌する（b）。

2　1を漉してボウルに移す（c）。

3　2を少量型に流し入れ、カットしたフルーツを入れる。

4　2をさらに加える。

5　型にふたをし、棒をさして冷凍室で 6～8 時間ほど冷やし固める。固まったら型からはずす。→p15 - 5～7 参照

Campari Orange

カンパリオレンジ

材料 [80ml × 6 個分]

A1 ベース
- オレンジジュース　180g
- カンパリ　25g
- レモン果汁　10g
- 基本のシロップ　20g　→p10 参照

A2 ベース
- グレープフルーツジュース　180g
- カンパリ　25g
- レモン果汁　10g
- 基本のシロップ　30g　→p10 参照

B フルーツ
- オレンジ　2 個
- グレープフルーツ　2 個
- 基本のシロップ　適量　→p10 参照

作り方

下準備　オレンジとグレープフルーツは皮をむいて薄皮を取り、型に入る大きさにカットする。基本のシロップに一晩漬けておく。→p10 参照

1　A1 をボウルに入れて混ぜる。

2　1 を少量型に流し入れ、カットしたフルーツを半量入れる（a）。さらに 1 を型の半分まで加える。

3　型にふたをし、棒をさして冷凍室で 4 ～ 5 時間ほど冷やし固める。

4　3 が固まったら、残りのフルーツ（b）と A2 を混ぜたものを型に入れて（c）、再び冷凍室で 4 ～ 5 時間ほど冷やし固める。固まったら型からはずす。→p15 - 5 ～ 7 参照

Caution!
アルコールが入るものは固まりにくく、溶けやすくなります。

ピニャコラーダ

材料 [80ml × 6 個分]

A ベース
　パイナップルジュース　250g
　ココナツミルク　90g
　ホワイトラム　50g
　基本のシロップ　35g　→p10 参照

B フルーツ
　パイナップル　1/4 個
　基本のシロップ　適量　→p10 参照

エディブルフラワー　12 枚

作り方
下準備　パイナップルをカットして、基本のシロップに一晩漬けておく。→p10 参照
1　A をボウルに入れて混ぜる。
2　1 を少量型に流し入れ、カットしたパイナップルを入れる。エディブルフラワーは型の内側の面にはりつける。
3　1 をさらに加える。
4　型にふたをし、棒をさして冷凍室で 8 〜 10 時間ほど冷やし固める。固まったら型からはずす。
→p15 - 5 〜 7 参照

Caution!　アルコールが入るものは固まりにくく、溶けやすくなります。

Salty Dog

ソルティドッグ

材料 [80ml × 6 個分]

A ベース
- グレープフルーツジュース　250g
- レモン果汁　20g
- ウォッカ　45g
- 基本のシロップ　40g　→p10 参照
- 塩　5g

B フルーツ
- グレープフルーツ　3 個
- 基本のシロップ　適量　→p10 参照

作り方

下準備　グレープフルーツは皮をむいて薄皮を取り、型に入る大きさにカットする。基本のシロップに一晩漬けておく。→p10 参照

1　A をボウルに入れて混ぜる。
2　1 を少量型に流し入れ、カットしたグレープフルーツを入れる。
3　1 をさらに加える。
4　型にふたをし、棒をさして冷凍室で 8〜10 時間ほど冷やし固める。固まったら型からはずす。
→p15−5〜7 参照

Caution!　アルコールが入るものは固まりにくく、溶けやすくなります。

White Sangria / Red Sangria

ホワイトサングリア
レッドサングリア

材料 [80ml × 6 個分]

A ベース
- ワイン（白または赤） 215g
- グレープジュース（白または赤） 100g
- グラニュー糖 20g
- はちみつ 10g

B フルーツ
- 【スライス】
  - オレンジ 6枚
  - レモン 6枚
  - リンゴ 6枚
- 【ダイスカット用】
  - グレープフルーツ 1/2 個
  - オレンジ 1/2 個
  - ブドウ 6粒 ＊湯むきして半分にカット

C スパイス
- シナモン 1/2 本
- クローブ 4粒
- 黒こしょう（粒） 4粒
- バニラビーンズ 1cm 程度

作り方

下準備　A をボウルに入れて混ぜ、C のスパイス、切った B のフルーツを加えて混ぜ、そのまま一晩漬けておく。→p10 参照

1. 漬けておいたものを漉して、スパイスは取りのぞき、ベースとフルーツは別のボウルに移す。
2. 1のベースを少量型に流し入れ、カットしたフルーツを入れる。スライスは型の内側の面にはりつける。
3. 1のベースをさらに加える。
4. 型にふたをし、棒をさして冷凍室で 6〜10 時間ほど冷やし固める。固まったら型からはずす。
→p15-5〜7参照

Caution! アルコールが入るものは固まりにくく、溶けやすくなります。

PART 2
ヨーグルトベースの フルーツバー

プレーンヨーグルトを使って作る
爽やかなヨーグルトベースのフルーツバー。
ブルーベリーやイチゴ、キウイフルーツやリンゴなど
定番のフルーツを1種類のみ使っているので、
準備する材料がとてもシンプル。
ジュースベースのフルーツバーより、
作りやすいかもしれません。
少しだけ感じられる酸味がおいしい
ヨーグルトベースをお楽しみください。

YOGURT BASE

基本のレシピ ②
ヨーグルトベースのフルーツバーの作り方

Sample p36 ブルーベリーヨーグルト

下準備
木の棒は、そのままさし込むと浮いてきてしまうため、水で湿らせておくとよい。フルーツを準備する（シロップ漬けの作り方はp10参照）。ベースの材料を準備する。

Point
型、ベース、フルーツは使用直前までよく冷やしておくと、フルーツバーが固まりやすくなる。

1 ボウルに生クリームとグラニュー糖を入れ、泡立てる。泡立て器を持ち上げたときに、跡が残るくらいのかたさになればOK。

2 別のボウルにプレーンヨーグルト、レモン果汁、はちみつを入れる。レモンの皮をすりおろして加え、よく混ぜる。

3 1で泡立てた生クリームを2のヨーグルトのボウルに2回に分けて加え、よく混ぜる。これで基本のヨーグルトベースの完成。

4 レードル（またはスプーン）でヨーグルトベースを型に少量（型の1/5程度）流し入れ、フルーツとソースを入れる。このときソースが型の内側につくように入れると、型から取り出したときもソースが見え、おいしそうに仕上がる。

5 再びレードルでヨーグルトベースを型に流し、フルーツとソースを入れる。少しずつ交互に3回ほど繰り返す。

6 シロップ漬けのフルーツ（あれば生のフルーツ）を途中で入れる。

Point
凍ると体積が増えるため、型いっぱいには入れずに少しだけ少なめに入れる。ヨーグルトベースは、もったりとしていて気泡が入りやすいため、最後に型を軽くトントンと台に落とし、空気を抜く。

7 型にふたをして、水で湿らせておいた棒をさし込む。フルーツを棒で下に押してしまわないように、ゆっくりと下までさす。冷凍室で冷やし固める（冷凍時間は各レシピ参照）。アイスが固まったら1本ずつ型を水につけてから、ゆっくりと棒を引っ張り、型から取り出す。
→ p15-5〜7参照

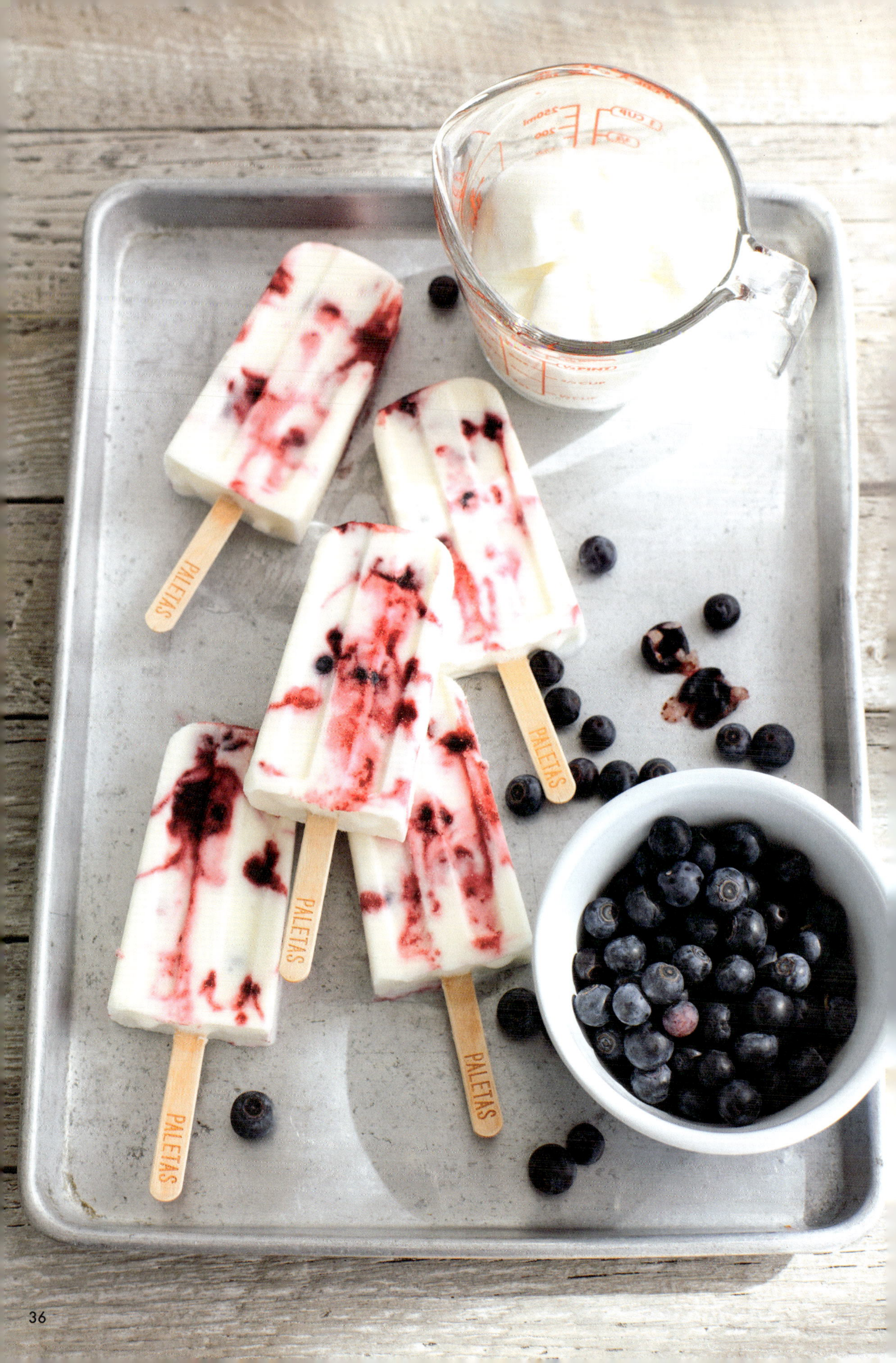
PALETAS
PALETAS
PALETAS
PALETAS
PALETAS

Blueberry Yogurt

ブルーベリーヨーグルト

材料 [80ml × 6 個分]
A ベース
- プレーンヨーグルト　250g
- 生クリーム　100g
- はちみつ　45g
- グラニュー糖　10g
- レモン果汁　5g
- レモンの皮（すりおろし）　1/4 個分

B フルーツソース
- ブルーベリー　1/2 パック
- 基本のシロップ　100g　→p10 参照

C フルーツ
- ブルーベリー　24 粒

作り方

1　Bの基本のシロップとブルーベリーを小鍋に入れて中火にかける（a）。ひと煮立ちさせると実がはじけ、とろりとしたソース状になる（b）。

2　ボウルに生クリームとグラニュー糖を入れ、泡立てる。そのほかのAの材料を別のボウルに入れて混ぜる。泡立てた生クリームを合わせ、ヨーグルトベースを作る。→p34 - 1〜3 参照

3　2を少量型に入れ、1のブルーベリーを煮詰めたソースを入れる（c）。ソースが型の内側につくように入れると、型から取り出したときもソースが見え、おいしそうに仕上がる。

4　2をさらに加え、ブルーベリーとソースを入れる。少しずつ交互に3回ほど繰り返す。

5　型をトントンと台に落として空気を抜き、ふたをする。棒をさして冷凍室で6〜8時間ほど冷やし固める。固まったら型からはずす。
→p15 - 5〜7 参照

38

Kiwi Yogurt

キウイヨーグルト

材料 [80ml × 6個分]

A ベース
- プレーンヨーグルト　250g
- 生クリーム　100g
- はちみつ　45g
- グラニュー糖　10g
- レモン果汁　5g
- レモンの皮（すりおろし）　1/4個分

B フルーツ
- キウイフルーツ　2と1/2個
- 基本のシロップ　適量　→p10参照

作り方

下準備　キウイフルーツ1個はスライスにする。1と1/2個はダイスカットにする。基本のシロップに一晩漬けておく。→p10参照

1　ボウルに生クリームとグラニュー糖を入れ、泡立てる。そのほかのAの材料を別のボウルに入れて混ぜる。泡立てた生クリームを合わせ、ヨーグルトベースを作る。→p34-1～3参照

2　1を少量型に流し入れ、カットしたキウイフルーツを入れる。スライスは型の内側の面にはりつける。

3　1をさらに加え、キウイフルーツを入れる。少しずつ交互に3回ほど繰り返す。

4　型をトントンと台に落として空気を抜き、ふたをする。棒をさして冷凍室で6～8時間ほど冷やし固める。固まったら型からはずす。→p15-5～7参照

Strawberry Yogurt

ストロベリーヨーグルト

材料 [80ml × 6個分]

A ベース
- プレーンヨーグルト　250g
- 生クリーム　100g
- はちみつ　45g
- グラニュー糖　10g
- レモン果汁　5g
- レモンの皮（すりおろし）　1/4個分

B フルーツ
- イチゴ　20個
- 基本のシロップ　適量　→p10参照

作り方

下準備　イチゴ8個はスライスし、残りはダイスカットにする。基本のシロップに　晩漬けておく。→p10参照

1　ボウルに生クリームとグラニュー糖を入れ、泡立てる。そのほかのAの材料を別のボウルに入れて混ぜる。泡立てた生クリームを合わせ、ヨーグルトベースを作る。→p34-1～3参照

2　ダイスカットしたイチゴの1/4の量をミキサーにかけてソース状にする。

3　1を少量型に入れ、イチゴをソースとともに入れる。ソースが型の内側につくように入れると、型から取り出したときにソースが見え、おいしそうに仕上がる。

4　1をさらに加え、イチゴとソースを入れる。少しずつ交互に3回ほど繰り返す。

5　型をトントンと台に落として空気を抜き、ふたをする。棒をさして冷凍室で6～8時間ほど冷やし固める。固まったら型からはずす。→p15-5～7参照

40

Apple Yogurt

リンゴヨーグルト

材料 [80ml × 6 個分]

A ベース
- プレーンヨーグルト　250g
- 生クリーム　100g
- はちみつ　45g
- グラニュー糖　10g
- レモン果汁　5g
- レモンの皮（すりおろし）　1/4 個分

B フルーツ
- リンゴ（赤、青）　各 1/4 個
- 基本のシロップ　適量　→p10 参照

作り方

下準備　リンゴは赤、青それぞれ 6 枚にスライスする。基本のシロップに一晩漬けておく。→p10 参照

1　ボウルに生クリームとグラニュー糖を入れ、泡立てる。そのほかの A の材料を別のボウルに入れて混ぜる。泡立てた生クリームを合わせ、ヨーグルトベースを作る。→p34-1～3参照

2　1を少量型に流し入れ、スライスしたリンゴを型の内側の両面にはりつける。

3　1をさらに加える。

4　型をトントンと台に落として空気を抜き、ふたをする。棒をさして冷凍室で 6～8 時間ほど冷やし固める。固まったら型からはずす。→p15-5～7参照

ミルクジェラートとバニラアイスをベースにしたフルーツバーは
口当たりもしっとりなめらかで、リッチな味わい。
基本のベースさえ覚えれば、ミックスジュースやチョコレート、
抹茶やクリームチーズ、イチゴやコーヒーなど
味のアレンジができるのも、うれしいポイント。
ほかのフルーツバーにくらべて、少し手間がかかりますが
時間をかけて作っただけのおいしさに出合えます。

PART 3

ジェラートベース＆
バニラアイスベースの
フルーツバー

GELATO BASE

基本のレシピ ③
ジェラートベースのフルーツバーの作り方

Sample p48 いちごミルク

下準備
木の棒は、そのままさし込むと浮いてきてしまうため、水で湿らせておくとよい。フルーツを準備する（シロップ漬けの作り方はp10参照）。ベースの材料を準備する。

Point
型、ベース、フルーツは使用直前までよく冷やしておくと、フルーツバーが固まりやすくなる。

1 小鍋に牛乳と生クリームを入れ、中火にかけて温める。

Point
ふつふつとしたら、火を止める。

2 ボウルにグラニュー糖とスキムミルクを入れて混ぜ合わせ、温めた1を3回に分けて加え、混ぜる。

3　ボウルごと氷水にあてて粗熱を取る。

4　粗熱が取れたら、アイスクリームメーカーに移し、冷凍室で3時間ほどおく。ジェラート状になったら、軽く混ぜる。これで基本のジェラートベースの完成。

5　ジェラートベースとフルーツを型に入れる。少しずつ交互に3回ほど繰り返す。

Point
凍ると体積が増えるため、型いっぱいには入れずに少しだけ少なめに入れる。ジェラートベースは、もったりとしていて気泡が入りやすいため、最後に型を軽くトントンと台に落とし、空気を抜く。

6　型にふたをして、水で湿らせておいた棒をさし込む。フルーツを棒で下に押してしまわないように、ゆっくりと下までさす。冷凍室で冷やし固める（冷凍時間は各レシピ参照）。アイスが固まったら1本ずつ型を水につけてから、ゆっくりと棒を引っ張り、型から取り出す。
→ p15-5～7参照

VANILLA ICE BASE

基本のレシピ ④
バニラアイスベースの
フルーツバーの作り方

Sample p58 いちごバニラミックス

下準備
木の棒は、そのままさし込むと浮いてきてしまうため、水で湿らせておくとよい。フルーツを準備する（シロップ漬けの作り方はp10参照）。ベースの材料を準備する。

Point
型、ベース、フルーツは使用直前までよく冷やしておく。

1　ボウルに卵黄、グラニュー糖、スキムミルクを入れ、なめらかになるまで混ぜる。

2　小鍋に牛乳と生クリームを入れる。バニラビーンズのさやを割り、中から種をこそげ取って加え、中火にかけて温める。

Point
ふつふつとして沸騰直前になったら、火を止める。

3　1のボウルに温めた2を少量入れて、よく混ぜる。

Point
一度に入れると卵が固まってダマができやすいため、まず少量を入れてなじませること。

4　残りの2をすべてボウルに入れ、よく混ぜる。

5　ザルで漉し、小鍋に戻す。

6　底を焦がさないように混ぜながら、弱火にかける。

Point
ゴムべらについたクリーム部分に指でスッと線を引いたとき、跡が残るくらいまでもったりとさせる。

7　ボウルに移し、氷水にあてて粗熱を取る。

8　粗熱が取れたら、アイスクリームメーカーに移し、冷凍室で3時間ほどおく。アイスクリーム状になったら、軽く混ぜる。これで基本のバニラアイスベースの完成。

9　バニラアイス（ここではソース状にしたイチゴを混ぜたもの）とフルーツを型に入れる。少しずつ交互に入れ、3回ほど繰り返す。

Point
凍ると体積が増えるため、型いっぱいには入れずに少しだけ少なめに入れる。バニラアイスベースはもったりとしていて気泡が入りやすいため、型を軽くトントンと台に落とし、空気を抜く。

10　型にふたをして、水で湿らせておいた棒をさし込む。冷凍室で冷やし固める（冷凍時間は各レシピ参照）。アイスが固まったら1本ずつ型を水につけてから、ゆっくりと棒を引っ張り、型から取り出す。
→p15-5〜7参照

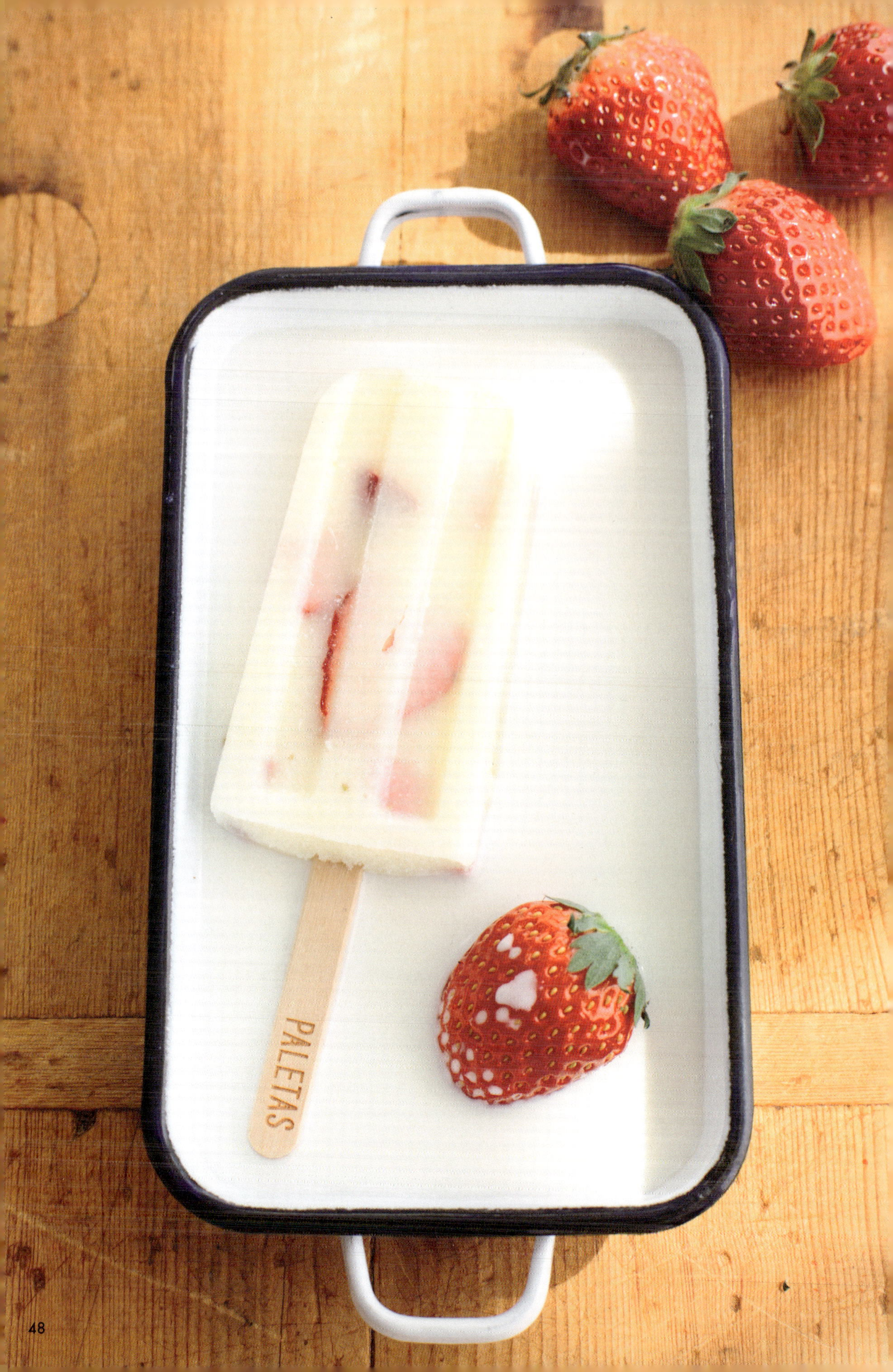
PALETAS

Ichigo Milk

いちごミルク

材料 [80ml × 6 個分]
A ベース
　牛乳　360g
　生クリーム　50g
　グラニュー糖　30g
　スキムミルク　25g
B フルーツ
　イチゴ　25 個
　練乳　15g
　基本のシロップ　適量　→p10 参照

作り方
下準備　イチゴは 6 個をスライスし、残りはダイスカットにする。基本のシロップに一晩漬けておく。→p10 参照

1　A の材料でジェラートベースを作る。
→p44 - 1 ～ p45 - 4 参照

2　シロップに漬けたイチゴを練乳で和える。

3　1 を少量型に流し入れ（a）、スライスしたイチゴを型の内側の面にはりつける（b）。

4　1 をさらに加え、カットしたイチゴを入れる（c）。少量ずつ交互に 3 回ほど繰り返す。

5　型をトントンと台に落として空気を抜き、ふたをする。棒をさして冷凍室で 6 ～ 8 時間ほど冷やし固める。固まったら型からはずす。
→p15 - 5 ～ 7 参照

Fruits Mix West

フルーツミックス ウエスト

材料 [80ml × 6 個分]

A1 ベース
　牛乳　100g
　生クリーム　15g
　グラニュー糖　10g
　スキムミルク　8g

A2 ベース
　牛乳　110g
　ミカンジュース　110g
　黄桃（缶詰）　2個
　バナナ　1本
　グラニュー糖　20g

B フルーツ
　オレンジ　1/2 個
　キウイフルーツ　1個
　バナナ　1/2 本
　黄桃（缶詰）　1個
　基本のシロップ　適量
　→ p10 参照

作り方

下準備　Bのフルーツをダイスカットにして、基本のシロップに一晩漬けておく。→ p10 参照
1　A1 の材料でジェラートベースを作る。→ p44 - 1 ～ p45 - 4 参照
2　A2 の材料をすべてミキサーに入れて攪拌し、1を加えて、さらに攪拌する。
3　2を少量型に流し入れ、カットしたフルーツを入れる。
4　2をさらに加え、フルーツを入れる。少しずつ交互に3回ほど繰り返す。
5　型をトントンと台に落として空気を抜き、ふたをする。棒をさして冷凍室で6～8時間ほど冷やし固める。固まったら型からはずす。→ p15 - 5 ～ 7 参照

Sweet Corn

スイートコーン

材料 [80ml × 6 個分]

A ベース
- 牛乳　300g
- 生クリーム　45g
- グラニュー糖　30g
- スキムミルク　23g
- コーンクリーム　100g

B フルーツ
- コーン（粒）　60g
- 基本のシロップ　適量　→p10 参照

サンドイッチ用パン　1 枚

作り方

下準備　サンドイッチ用パンを小さめのダイスカットにし、トースターで軽く焼いてクルトンを作り、仕上げに塩少々（分量外）をふる。

1　Aの材料でジェラートベースを作る。アイスクリームメーカーに入れる前にコーンクリームを入れて混ぜる。→p44-1 ～ p45-4 参照

2　コーンを基本のシロップで 5 分ほど煮て、粗熱を取り、冷やす。

3　1を少量型に流し入れ、コーンを入れる。

4　1をさらに加え、クルトンを入れる。少しずつ交互に 3 回ほど繰り返す。

5　型をトントンと台に落として空気を抜き、ふたをする。棒をさして冷凍室で 6 ～ 8 時間ほど冷やし固める。固まったら型からはずす。→p15-5 ～ 7 参照

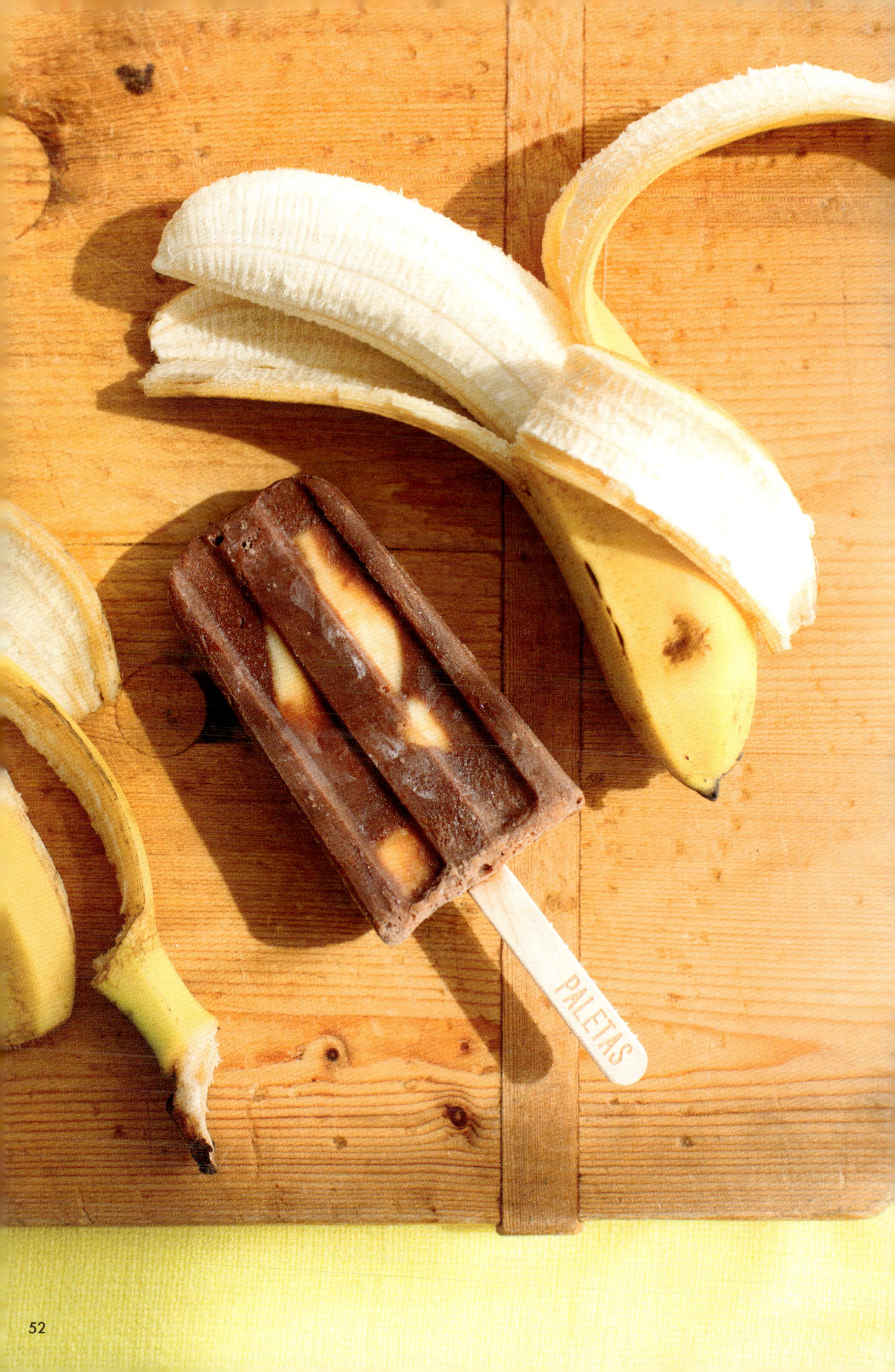
PALETAS

Chocolate Banana

チョコレートバナナ

材料 [80ml × 6 個分]

A ベース
- 牛乳　300g
- 生クリーム　60g
- グラニュー糖　40g
- スキムミルク　15g
- スイートチョコレート　40g
  *カカオ分 54％のものを使用
- ココア　10g

B フルーツ
- バナナ　1 と 1/2 本
- 基本のシロップ　適量　→p10 参照

市販のアーモンドチョコレート　6 粒

作り方

下準備　バナナ 1 本は 1/3 の長さにカットし、それぞれを 4 枚にスライスする。残り 1/2 本はダイスカットにする。基本のシロップに一晩漬けておく。→p10 参照

1　牛乳と生クリームを小鍋に入れて沸騰直前まで温め、火からおろす。チョコレートを加えて混ぜ、余熱で溶かす（a）。

2　ボウルにグラニュー糖、スキムミルク、ココアを入れて混ぜ合わせる（b）。

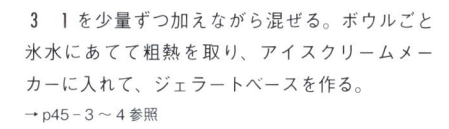

3　1 を少量ずつ加えながら混ぜる。ボウルごと氷水にあてて粗熱を取り、アイスクリームメーカーに入れて、ジェラートベースを作る。
→p45 - 3 〜 4 参照

4　3 を少量型に流し入れ、カットしたバナナを入れる。スライスは型の内側の面にはりつける（c）。

5　3 をさらに加え、砕いたアーモンドチョコレート、バナナを入れる。少しずつ交互に 3 回ほど繰り返す。

6　型をトントンと台に落として空気を抜き、ふたをする。棒をさして冷凍室で 6 〜 8 時間ほど冷やし固める。固まったら型からはずす。
→p15 - 5 〜 7 参照

栗抹茶

材料 [80ml × 6 個分]

A ベース
- 牛乳　360g
- 生クリーム　50g
- グラニュー糖　45g
- スキムミルク　15g
- 抹茶　16g

B フルーツ
- 栗（甘露煮）　6 個
- ※ 1/2 にカットする
- ゆで小豆　100g

作り方

1　Aの材料でジェラートベースを作る。グラニュー糖とスキムミルクを混ぜるときに抹茶も加える。→ p44 - 1 ～ p45 - 4 参照

2　1を少量型に流し入れ、半分にカットした栗、ゆで小豆を入れる。栗の断面を型の内側の面にはりつける。

3　1をさらに加え、栗とゆで小豆を入れる。少しずつ交互に3回ほど繰り返す。

4　型をトントンと台に落として空気を抜き、ふたをする。棒をさして冷凍室で6～8時間ほど冷やし固める。固まったら型からはずす。→ p15 - 5 ～ 7 参照

Kuri Matcha

柿ほうじ茶

材料 [80ml × 6 個分]
A ベース
　牛乳　360g
　生クリーム　50g
　グラニュー糖　35g
　スキムミルク　15g
　ほうじ茶　10g

B フルーツ
　柿　2 個
　基本のシロップ　適量　→p10 参照

作り方
下準備　柿を小さめに切り、基本のシロップに一晩漬けておく。→p10 参照
1　A の材料でジェラートベースを作る。牛乳と生クリームを温めるときにほうじ茶も加え、沸騰直前でふたをして香りと味をうつす。アイスクリームメーカーに入れる前に漉す。→p44-1〜p45-4 参照
2　1 を少量型に流し入れ、柿を入れる。
3　1 をさらに加え、柿を入れる。少しずつ交互に 3 回ほど繰り返す。
4　型をトントンと台に落として空気を抜き、ふたをする。棒をさして冷凍室で 6〜8 時間ほど冷やし固める。固まったら型からはずす。→p15-5〜7 参照

Kaki Hojicha

Cream Cheese Mix

クリームチーズミックス

材料 [80ml × 6 個分]

A ベース
- 牛乳　210g
- クリームチーズ　100g
- 生クリーム　40g
- グラニュー糖　30g
- スキムミルク　15g
- レモン果汁　8g

B フルーツ
- イチゴ　4 個
- ブルーベリー　12 粒
- リンゴ　1/4 個
- パイナップル　1/8 個
- キウイフルーツ　1/2 個
- オレンジ　1/2 個
- グレープフルーツ　1/4 個
- 基本のシロップ　適量　→p10 参照

作り方

下準備　B のフルーツ（ブルーベリー以外）をダイスカットにし、基本のシロップに一晩漬けておく。→p10 参照

1　常温においてやわらかくしたクリームチーズとグラニュー糖をすり混ぜる。A の残りの材料を加えて混ぜ、漉してからアイスクリームメーカーに入れ、ジェラートベースを作る。→p44 - 1 ～ p45 - 4 参照

2　1 を少量型に流し入れ、フルーツを入れる。

3　1 をさらに加え、フルーツを入れる。少しずつ交互に 3 回ほど繰り返す。

4　型をトントンと台に落として空気を抜き、ふたをする。棒をさして冷凍室で 6 ～ 8 時間ほど冷やし固める。固まったら型からはずす。→p15 - 5 ～ 7 参照

Coffee Vanilla

コーヒーバニラ

材料 [80ml × 6 個分]

A1 ベース
　牛乳　300g
　生クリーム　75g
　卵黄　2個
　グラニュー糖　37g
　スキムミルク　15g
　バニラビーンズ　1/4本

B フルーツ
　レーズン　30粒
　基本のシロップ　適量　→p10 参照

A2 ベース
　インスタントコーヒー　1g
　基本のシロップ　20g　→p10 参照

作り方

下準備　レーズンを基本のシロップに一晩漬けておく。→p10 参照

1　A1 の材料でバニラアイスベースを作る。→p46 -1〜 p47 -8 参照

2　A2 の基本のシロップ 20g を小鍋に入れて温め、インスタントコーヒーを入れて溶かす。A1 のバニラアイスベースの半量に混ぜ、コーヒーバニラベースを作る。

3　バニラアイスベースを少量型に流し入れ、型をトントンと台に落として空気を抜き、ふたをする。棒をさして冷凍室で 1〜2 時間ほど冷やし固める。

4　1層目が固まったら、2層目として 2 のコーヒーバニラとレーズンを入れ、再び冷凍室で冷やし固める。同様にレーズンを入れながら 3 層目（バニラ）、4 層目（コーヒーバニラ）を作る。

5　固まったら型からはずす。→p15 -5〜7 参照

58

Strawberry Vanilla Mix

いちごバニラミックス

材料 [80ml × 6 個分]

A ベース
- 牛乳　300g
- 生クリーム　75g
- 卵黄　2 個
- グラニュー糖　37g
- スキムミルク　15g
- バニラビーンズ　1/4 本

B フルーツ
- イチゴ　4 個＋6 個（ソース用）
- ブルーベリー　12 粒
- リンゴ　1/4 個
- パイナップル　1/8 個
- キウイフルーツ　1/2 個
- オレンジ　1/4 個
- グレープフルーツ　1/4 個
- 基本のシロップ　適量　→ p10 参照

作り方

下準備　B のフルーツ（ブルーベリー以外）をダイスカットにし、基本のシロップに一晩漬けておく。→ p10 参照

1　A の材料でバニラアイスベースを作る。
→ p46 - 1 ～ p47 - 8 参照

2　ダイスカットしたイチゴ 6 個分（約 40g）をミキサーにかけてソース状にする。1 のバニラアイスベースに混ぜ、いちごバニラベースを作る（a）（b）。

3　2 を少量型に流し入れ、フルーツを入れる。

4　2 をさらに加え、フルーツを入れる。少しずつ交互に 3 回ほど繰り返す（c）。

5　型をトントンと台に落として空気を抜き、ふたをする。棒をさして冷凍室で 6 ～ 8 時間ほど冷やし固める。固まったら型からはずす。
→ p15 - 5 ～ 7 参照

＊ソース用のイチゴ 6 個のかわりに、いちごジャム 40g を使って作っても OK。

LET'S
ARRANGE!

手作りのフルーツバーに、ひと手間プラスすれば
ちょっと特別なおめかししたフルーツバーに。
ここでは、おいしい＆楽しいアレンジを3種類紹介します。
いずれも作ったあとに冷凍保存が可能なので
パーティーやおもてなしの日の前日に仕込むことができます。
いろいろなフルーツバーで試してみて、
ぜひ、お気に入りの組み合わせを見つけてください。

arrange 1

求肥で包む

いちごミルク（p48）を求肥で包み、いちご大福風に！
求肥は、栗抹茶（p54）や柿ほうじ茶（p55）などにもよく合います。

材料（フルーツバー2個分）
白玉粉 50g
水 100g
グラニュー糖 75g
コーンスターチ 適量
※打ち粉として使用

1 ボウルに白玉粉を入れ、水を加えながら混ぜる。

2 1にグラニュー糖を加えて混ぜる。

3 電子レンジ（600W）で2分加熱し、一回混ぜたら再度2分加熱する。

4 コーンスターチを台にふり、3をおいて粗熱を取る。

5 手（または麺棒）で、四角く薄くのばす（25×20cm程度）。

6 包丁でフルーツバーの大きさにあわせて切る（12×9cm程度）。

7 フルーツバーの表側を下にして求肥の上におき、包む。裏側に求肥の両端がくるようにするとよい。

Point
表に向けると、薄い求肥を通してフルーツの色もほんのり見えてかわいらしい仕上がりに！

arrange 2

クレープで包む

いちごミルク（p48）をジャムをぬったクレープで包みました。
フルーツバーにあわせて、ジャムを替えて楽しんでください。

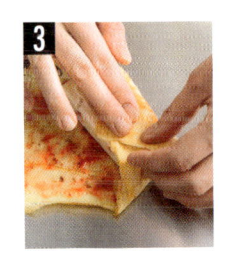

1　クレープの裏面にジャムをぬる。
2　フルーツバーをななめにおいて上を折りたたむ。
3　両端を順番に折りたたむ。
4　棒の近くのクレープをフルーツバーにはりつける。

arrange 3

チョコレートトッピング

湯せんで溶かしたチョコレートを使って、トッピング。
ホワイトやモカなど好みの味のチョコレートを使ってください。

1　湯せんしたチョコレートにフルーツバー（ここではp52 チョコレートバナナ）をつける。
2　チョコレートが乾かないうちに、粗く刻んだナッツ（ここではピスタチオ）をつける。

1　湯せんしたチョコレートをスプーンですくい、皿にのせたフルーツバーにななめにかける。
2　途切れないように手早く一気にかける。

PALETAS

フローズン・フルーツバー専門店。
原材料の安全にこだわり、可能な限り国産材料を使用し、合成添加物は使わずに仕上げている。また、フルーツ本来の風味や食感を残すために加熱処理法や殺菌剤を使用せず、非加熱殺菌の新技術を導入している。
実店舗での販売のほか、百貨店等への期間限定出店や通信販売も行う。
http://www.paletas.jp/

鎌倉店	神奈川県鎌倉市御成町 15-7-2F 0467-33-5009
吉祥寺店	東京都武蔵野市吉祥寺本町 2-4-6 H-スクエア吉祥寺1F 0422-27-1590
大阪工房	大阪府大阪市生野区巽西 1-8-1

ジャパンパレタス株式会社
レシピ考案　石井敍之
制作　田代直子

Staff

アートディレクション、装丁
Bob Foundation

本文デザイン
山元美乃

撮影
清水奈緒

スタイリング
大島有華

◎撮影協力
AWABEES　03-5786-1600
UIUWA　03-6447-0070

◎道具販売元　問い合わせ先
・型
クイックキャンディーメーカー（角6P）
株式会社タイガークラウン
http://www.tigercrown.co.jp/
0256-63-2192

・アイスクリームメーカー
コードレス アイスクリーマー BH-941P
Panasonic
http://panasonic.jp/
お客様ご相談センター
☎ 0120-878-365

本書の内容に関するお問い合わせは、お手紙かメール（jitsuyou@kawade.co.jp）にて承ります。恐縮ですが、お電話でのお問い合わせはご遠慮くださいますようお願いいたします。

PALETAS
おうちで作る
フローズン・フルーツバー

2014年5月20日　初版印刷
2014年5月30日　初版発行

著　者　PALETAS
発行者　小野寺優
発行所　株式会社河出書房新社
　　　　〒151-0051
　　　　東京都渋谷区千駄ヶ谷 2-32-2
　　　　電話　03-3404-8611（編集）
　　　　　　　03-3404-1201（営業）
　　　　http://www.kawade.co.jp/
印刷・製本　凸版印刷株式会社

Printed in Japan
ISBN978-4-309-28439-2

落丁・乱丁本はお取り替えいたします。
本書のコピー、スキャン、デジタル化等の無断複製は著作権法上での例外を除き禁じられています。本書を代行業者等の第三者に依頼してスキャンやデジタル化することは、いかなる場合も著作権法違反となります。

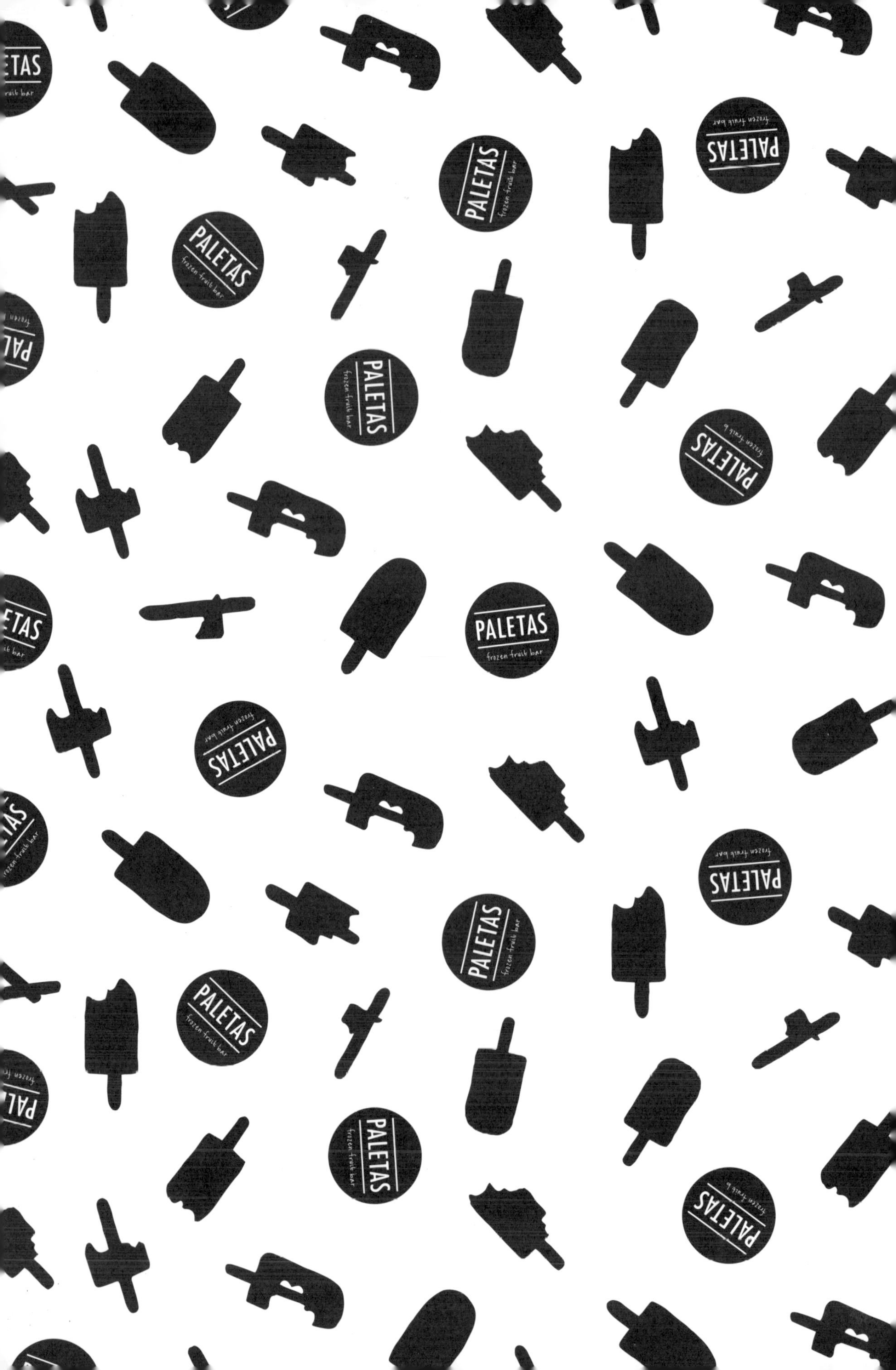
PALETAS
frozen fruit bar